Brot & Brotaufstriche

100 vegane Rezepte

Nora Thaler

Inhaltsverzeichnis

Vorwort

In diesem Buch finden sie eine Auswahl von 100 veganen Brotrezepten & Brotaufstrichen. Die meisten Rezepte sind schon immer vegan, andere wurden veganisiert.

Bei der Zusammenstellung achte ich immer darauf, auf exotische Zutaten zu verzichten. Auch sind die Rezepte einfach gehalten.

So das es keine Ausreden gibt, es nicht mal vegan zu versuchen.

Ich wünsche ihnen natürlich viel Spaß mit dieser Auswahl an veganen Rezepten.

Hinweise zum Buch

- Wenn sie öfter Brot herstellen, empfehle ich die Anschaffung einer Küchenmaschine oder eines Handrührgeräts. Natürlich können sie den Teig auch mit der Hand kneten.
- Bitte unbedingt beachten, dass die Backzeiten ihres Backofens abweichen können.
- Ich empfehle immer die Backofenzeiten, nach dem ersten Backen zu den Rezepten zu schreiben.
- Wenn im Rezept nur Mehl angegeben ist, können sie das Mehl ihrer Wahl verwenden.
- Wenn nicht anders angegeben, empfehle ich den Teig zwischen 5 und 10 Minuten zu kneten. Immer darauf achten, das der Teig nicht zulange geknetet wird, da er sonst zäh wird.
- Selbstverständlich können sie alle Rezepte nach ihren Wünschen abändern.
- Ich verwende lieber vegane Butter. Selbstverständlich können sie auch vegane Margarine verwenden.

Brötchen (Semmeln)

Zutaten

- 550 g Weizenmehl
- 80 g vegane Butter (alternativ vegane Margarine)
- 250 ml lauwarmes Wasser
- 1 Würfel Hefe
- 1 Prise Zucker
- 2 TL Salz

Zubereitung

- In einer Schüssel, Hefe im Wasser auflösen lassen.
- Mehl und Zucker in Schüssel geben, in der Mittel eine Grube drücken und das Hefewasser langsam zuschütten.
- Mit einer Küchenmaschine zu einem Teig kneten.
- An einem warmen Ort, zugedeckt für 30 Minuten gehen lassen.

- Butter und Salz zum Teig zugeben und mit einer Küchenmaschine nochmals durchkneten.
- Zugedeckt für 30 Minuten gehen lassen.
- Teig nochmal durchkneten und 10 Brötchen formen.
- Brötchen auf ein mit Backpapier ausgelegtes Backblech geben und zugedeckt nochmals 1 Stunde gehen lassen.
- Backofen auf 200° C Ober-/ Unterhitze vorheizen.
- Brötchen mit Wasser bepinseln mit einem Messer kreuzweise anritzen.
- Im Ofen für 40 Minuten backen.
- Brötchen auf einem Kuchengitter abkühlen lassen.

Milchbrötchen

Zutaten

- 350 g Weizenmehl
- 80 g kalte vegane Butter (alternativ vegane Margarine)
- 200 ml Pflanzendrink nach Belieben
- ½ Päckchen Backpulver
- 3 TL Zucker
- Mehl zum Bestäuben

Zubereitung

- Mehl, Backpulver und Zucker in einer Schüssel vermischen.
- Butter in kleinen Stücken zugeben und mit einer Küchenmaschine zu einem Teig kneten, dabei den Pflanzendrink langsam zugeben.
- Zugedeckt für 30 Minuten in kalter Umgebung stehen lassen.

- Butter und Salz zum Teig zugeben und mit einer Küchenmaschine nochmals durchkneten.
- Zugedeckt für 30 Minuten gehen lassen.
- Backofen auf 200° C Ober-/ Unterhitze vorheizen.
- Teig auf einer bemehlten Arbeitsfläche 3 cm dick ausrollen.
- Mit einer runden Form, Größe nach Belieben, Brötchen ausstechen.
- Brötchen auf ein mit Backpapier ausgelegtes Backblech geben und mit Pflanzendrink bepinseln.
- Im Ofen für 15 Minuten backen.
- Brötchen auf einem Kuchengitter etwas abkühlen lassen.
- Die Milchbrötchen schmecken auch lauwarm sehr lecker.

Brezeln

Zutaten

- 500 g Weizenmehl
- 350 ml zimmerwarmer Pflanzendrink
- Lauge (500 ml Wasser und 3 EL Natron)
- 1 Päckchen Trockenhefe
- 1 Prise Zucker
- 1 TL Salz

Belag: Nach Belieben (Salz, Sesam, Kerne usw.)

Zubereitung

- Mehl, Hefe, Zucker und Salz miteinander vermischen.
- Pflanzendrink dazu geben und mit einer Küchenmaschine zu einem Teig kneten.
- An einem warmen Ort, zugedeckt für eine Stunde gehen lassen.

- Teig nochmals kräftig durchgeknetet und wiegen.
- Den Teig in 10 gleich schwere Stücke schneiden. (etwa 80 bis 90 g)
- Brezeln formen: Teigstück zu einer circa 40 cm langen „Wurst" rollen.
- In der Mitte sollte die „Teigwurst" etwas dicker als an den beiden Enden sein.
- Zu einer Brezel formen. (Übung macht den Meister!)
- Wasser mit Natron in einem Topf zum Kochen bringen.
- Die Lauge 10 Minuten kochen lassen.
- Jede Brezel für 30 Sekunden in der Lauge kochen.
- Brezeln auf ein mit Backpapier ausgelegtes Backblech geben und nach Belieben bestreuen.
- Backofen auf 200° C Ober-/ Unterhitze vorheizen.
- Wenn sie 2 Backbleche auf einmal verwenden wollen dann den Backofen auf 180° C Umluft vorheizen.
- Im Ofen für 15 - 18 Minuten backen.

Dinkelweckerl

Zutaten

- 300 g Dinkelmehl Typ 812
- 250 ml Mineralwasser
- 1 TL Brotgewürz
- 1 Prise Zucker
- 1 TL Salz

Zubereitung

- Backofen auf 200° C Ober-/ Unterhitze vorheizen.
- Alle Zutaten mit der Hand oder einer Küchenmaschine zu einem Teig kneten.
- Teig nochmal durchkneten und 6 Weckerl formen.
- Weckerl auf ein mit Backpapier ausgelegtes Backblech geben.
- Im Ofen für 30 Minuten backen.

Malzbrötchen

Zutaten

- 500 g Mehl
- 290 ml Malzbier und etwas zum Bepinseln
- 2 EL Sonnenblumenkerne
- 2 EL Sesam
- 1 Würfel Hefe
- 2 EL (Raps)Öl
- 2 TL Salz

Zubereitung

- In einer Schüssel, Hefe im Wasser auflösen lassen.
- Mehl und Zucker in Schüssel geben, in der Mittel eine Grube drücken und das Hefewasser langsam zuschütten.
- Alle Zutaten in einer Küchenmaschine zu einem Teig kneten.
- 12 Brötchen formen.

- Brötchen auf ein mit Backpapier ausgelegtes Backblech geben und zugedeckt 2 Stunde gehen lassen.
- Backofen auf 200° C Ober-/ Unterhitze vorheizen.
- Brötchen mit Malzbier bepinseln.
- Im Ofen für 30 Minuten backen.
- Brötchen auf einem Kuchengitter abkühlen lassen.

Maisbrötchen

Zutaten

- 500 g Mehl
- 50 g Maisgrieß
- 100 g Apfel
- 30 g zimmerwarme, vegane Butter
- 1 Würfel Hefe
- 1 TL Salz

Zubereitung

- Apfel schälen, entkernen und fein reiben.
- In einer Schüssel, Hefe im Wasser auflösen lassen.
- Mehl und Zucker in Schüssel geben, in der Mittel eine Grube drücken und das Hefewasser langsam zuschütten.
- Alle Zutaten in einer Küchenmaschine zu einem Teig kneten.
- 12 Brötchen formen.

- Brötchen auf ein mit Backpapier ausgelegtes Backblech geben und zugedeckt 2 Stunden gehen lassen.
- Backofen auf 200° C Ober-/ Unterhitze vorheizen.
- Im Ofen für 25 Minuten goldbraun backen.
- Brötchen auf einem Kuchengitter abkühlen lassen.

Reissemmeln

Zutaten

- 600 g Mehl
- 100 g Reismehl
- 500 ml lauwarmes Wasser
- 100 ml Rapsöl
- 1 Würfel Hefe
- 1 TL Backpulver
- 1 EL Zucker
- 2 TL Salz

Zubereitung

- In einer Schüssel, Hefe im Wasser auflösen lassen.
- Mehl, Zucker und Backpulver in Schüssel geben und in der Mitte eine Grube eindrücken.
- Hefewasser langsam in die Gruppe leeren und den Teig verrühren.

- An einem warmen Ort, zugedeckt für 30 Minuten gehen lassen.
- Salz und Öl zugeben und mit einer Küchenmaschine zu einem Teig kneten.
- An einem warmen Ort, zugedeckt für 30 Minuten gehen lassen.
- Backofen auf 200° C Ober-/ Unterhitze vorheizen.
- Teig nochmal durchkneten und 12 Brötchen formen.
- Brötchen auf ein mit Backpapier ausgelegtes Backblech geben.
- Nachmals für 30 Minuten, zugedeckt gehen lassen.
- Im Ofen für 25 Minuten backen.
- Brötchen auf einem Kuchengitter abkühlen lassen.

Ciabatta - Brötchen

Zutaten

- 350 g Weizenmehl
- 150 g Hartweizengrieß
- 230 ml lauwarmes Wasser
- 30 ml Olivenöl
- 1 Würfel Hefe
- 2 TL Salz

Zubereitung

- In einer Schüssel, Hefe im Wasser auflösen lassen.
- Mehl in Schüssel geben und in der Mitte eine Grube eindrücken.
- Hefewasser langsam in die Gruppe leeren und den Teig verrühren.
- Alle Zutaten mit einer Küchenmaschine zu einem Teig kneten.

- An einem warmen Ort, zugedeckt für eine Stunde gehen lassen.
- Backofen auf 200° C Ober-/ Unterhitze vorheizen.
- Teig nochmal durchkneten und 12 Brötchen formen.
- Brötchen auf ein mit Backpapier ausgelegtes Backblech geben.
- Im Ofen für 30 Minuten backen.
- Brötchen auf einem Kuchengitter abkühlen lassen.

Baguette

Zutaten

- 200 g Weizenmehl
- 200 g Dinkelmehl
- 300 ml kaltes Wasser
- ¼ TL Trockenhefe
- 3 Prisen Salz
- 1 Prise Zucker
- 1 TL (Raps)Öl

Zubereitung

- Mehl, Trockenhefe, Salz, Zucker und Öl vermischen.
- Kaltes Wasser untermischen und einen Teig kneten.
- Den Teig mindestens 12 Stunden abgedeckt stehen lassen.
- Backofen auf 200° C Ober-/ Unterhitze vorheizen.
- Den Teig zu zwei Baguettes formen und auf ein mit Backpapier ausgelegtes Backblech legen.

- Eine backofenfeste Schale mit Wasser unter das Backblech stellen.
- 20 Minuten backen. Wenn die Baguettes schön braun sind aus dem Ofen nehmen.

Pizzabrötchen

Zutaten

- 350 g Mehl
- 200 ml lauwarmes Wasser
- 1 EL Pizzagewürz
- ½ Würfel Hefe
- 1 EL Olivenöl
- 1 Prise Zucker
- 2 TL Salz

Zubereitung

- In einer Schüssel, Hefe im Wasser auflösen lassen.
- Mehl und Zucker in Schüssel geben, in der Mittel eine Grube drücken und das Hefewasser langsam zuschütten.
- Alle Zutaten in einer Küchenmaschine zu einem Teig kneten.
- 10 Brötchen formen.

- Brötchen auf ein mit Backpapier ausgelegtes Backblech geben und zugedeckt 2 Stunden gehen lassen.
- Backofen auf 200° C Ober-/ Unterhitze vorheizen.
- Im Ofen für 25 Minuten backen.
- Brötchen auf einem Kuchengitter abkühlen lassen.

Hamburger Brötchen

Zutaten

- 380 g Weizenmehl
- 120 ml lauwarmes Wasser
- 1 Päckchen Trockenhefe
- 170 ml zimmerwarmer Pflanzendrink
- 3 Prisen Salz
- 2 EL Zucker
- 2 EL Rapsöl
- Mehl zum Bestäuben

Zubereitung

- Mehl, Trockenhefe, Salz, Zucker und Öl vermischen.
- Wasser und Pflanzendrink untermischen und in einer Küchenmaschine zu einem Teig kneten.
- Den Teig mindestens eine Stunde bei Zimmertemperatur, abgedeckt stehen lassen.

- Arbeitsfläche mit Mehl bestreuen und den Teig nochmals durchkneten.
- Den Teig zu 8 Brötchen formen und auf ein mit Backpapier ausgelegtes Backblech legen und nochmals 40 Minuten ruhen lassen.
- Backofen auf 200° C Ober-/ Unterhitze vorheizen.
- Im Ofen für 18 Minuten backen.
- Wenn die Brötchen schön braun sind aus dem Ofen nehmen.

Bagel

Zutaten

- 500 g Mehl
- 300 ml lauwarmes Wasser
- 1 Päckchen Trockenhefe
- 1 TL Salz
- 2 EL Zucker
- Topf mit kochendem Wasser

Zubereitung

- Alle Zutaten, außer Zucker, mit einer Küchenmaschine zu einem Teig verkneten.
- Teig an einem warmen Ort eine Stunde gehen lassen.
- 8 Kugeln formen und an einem warmen Ort 30 Minuten gehen lassen.
- Backofen auf 200° C Ober-/ Unterhitze vorheizen.
- Kugeln flach drücken und mit einem Kochlöffel in der Mitte ein Loch durchdrücken.

- In einem Topf mit kochendem Wasser, Zucker zugeben und die Bagels jeweils für 30 Sekunden eintauchen. Bagel danach drehen und nochmals für 30 Sekunden sieden lassen.
- Bagel auf ein mit Backpapier ausgelegtes Backblech legen.
- 20 Minuten backen. Wenn die Bagels schön braun sind aus dem Ofen nehmen.

Dinkel - Peperonibrötchen

Zutaten

- 400 g Dinkelmehl
- 100 g zarte Haferflocken
- 3 Peperoni, aus dem Glas
- 340 ml lauwarmes Wasser
- 1 TL Trockenhefe
- 1 TL Paprika, edelsüß
- 2 EL Essig
- 1 TL Salz

Zubereitung

- Peperoni abtropfen lassen und klein schneiden
- Alle Zutaten miteinander vermischen und in einer Küchenmaschine zu einem Teig kneten.
- Den Teig zu 10 Brötchen formen und diese auf ein mit Backpapier ausgelegtes Backblech legen.
- Für eine Stunde gehen lassen.

- Für 20 Minuten im nicht vorgeheizten Backofen, bei 200° C Ober-/ Unterhitze backen.
- Wenn die Brötchen schön braun sind aus dem Ofen nehmen.

Naan Brot

Zutaten

- 450 g Mehl
- 250 ml lauwarmes Wasser
- 3 EL Pflanzendrink
- 1/2 Würfel Hefe
- 2 TL Knoblauchpulver
- 1 TL Currypulver
- 1 EL Zucker
- 1 TL Salz
- 1 EL (Raps)Öl

Zubereitung

- Hefe im warmen Wasser auflösen und 10 Minuten stehen lassen.
- Restliche Zutaten hinzufügen und zu einem weichen Teig verkneten.
- Den Teig mindestens eine Stunde abgedeckt gehen lassen.

- Den Teig danach in Golfballgroße Stücke teilen und weitere 30 Minuten, zugedeckt ruhen lassen.
- Die Teigbälle dünn ausrollen und in einer Pfanne auf höchster Stufe 2 Minuten ausbacken, bis sich Bläschen bilden und das Naanbrot leicht gebräunt ist.

Türkisches Fladenbrot

Zutaten

- 500 g Weizenmehl
- 200 ml lauwarmes Wasser
- 1 Würfel Hefe
- 5 TL Olivenöl
- 1 TL Sesam
- 1 TL Salz
- 1 Prise Zucker

Zubereitung

- Das Mehl in eine Schüssel geben und eine Mulde hineindrücken.
- Die Hefe hinein bröckeln, Zucker zugeben und mit 150 ml lauwarmen Wasser verrühren.
- Den Vorteig mit etwas Mehl bestäuben, mit einem Tuch abdecken und an einen warmen Ort 30 Minuten gehen lassen.

- Dann das restliche Wasser, Salz und 3 EL Öl zugeben und einen geschmeidigen Teig kneten. Mit Mehl bestäuben und Teig nochmal, zugedeckt an einem warmen Ort 30 Minuten ruhen lassen.
- Backofen auf 200° C Ober-/ Unterhitze vorheizen.
- Den Teig nochmal gut kneten, in 2 Portionen teilen und längliche Fladen formen.
- Mit den Fingern Längs- und Querrillen in den Teig eindrücken und die Teigränder etwas hochziehen.
- Die Fladen mit dem restlichen Öl bepinseln und mit Schwarkümmel bestreuen.
- 15 Minuten ruhen lassen.
- Die Fladen auf ein mit Backpapier ausgelegtes Backblech legen und 25 Minuten backen lassen.

Pita

Zutaten

- 450 g Mehl
- 220 ml lauwarmes Wasser
- 1 Päckchen Trockenhefe
- 1 TL Salz
- Sesam zum Bestreuen
- Wasser zum Bestreichen
- Mehl zum Bestäuben

Zubereitung

- Mehl, Trockenhefe und Salz in einer Schüssel vermischen.
- Wasser langsam zugeben und mit einer Küchenmaschine zu einem Teig kneten.
- An einem warmen Ort für eine Stunde gehen lassen.
- Backofen auf 200° C Ober-/ Unterhitze vorheizen.

- Auf einer bemehlten Arbeitsfläche 10 runde, dünne Pitas formen.
- Die Pitas auf ein mit Backpapier ausgelegtes Backblech legen.
- 5 Minuten ruhen lassen und danach die Pitas mit Wasser bestreichen und Sesam bestreuen.
- Im Ofen für 12 Minuten backen.
- Gleich servieren oder einfrieren.

Tortillas

Zutaten

- 250 g Weizenmehl
- 250 ml kochendes Wasser
- ½ TL Salz
- 50 g Mehl zum Ausrollen

Zubereitung

- Mehl und Salz in eine Schüssel geben und in der Mitte eine Mulde bilden.
- Das kochende Wasser unter ständigem Rühren zugießen.
- Den heißen Teig kneten.
- Die Arbeitsfläche etwas bemehlen und den Teig gleich in sechs Portionen aufteilen und zu Tortillafladen ausrollen.
- In einer beschichteten Pfanne ohne Öl von jeder Seite eine Minute braten.

Schweizer Bürli

Zutaten

- 400 g Weizenmehl
- 100 g Roggenmehl
- 340 ml lauwarmes Wasser
- ½ Würfel Hefe
- 2 TL Salz

Zubereitung

- Hefe im Wasser auflösen und mit den restlichen Zutaten vermischen.
- Den Teig abgedeckt, über Nacht für mindestens 12 Stunden gehen lassen.
- Backofen auf 200° C Ober-/ Unterhitze vorheizen.
- Teig aus dem Kühlschrank nehmen, leicht bemehlen und mit einem Esslöffel 12 Bürlis abstechen.
- Die Bürlis auf ein mit Backpapier ausgelegtes Backblech legen und 25 Minuten backen lassen.

- Stäbchenprobe machen. Falls der Teig noch hängenbleibt etwas Zeit zugeben.
- Die Brötchen auf einem Kuchengitter abkühlen lassen.

Arabisches Fladenbrot

Zutaten

- 300 g Mehl
- 50 g Maismehl
- 250 ml lauwarmes Wasser
- ½ Würfel Hefe
- 1 TL Paprikapulver
- 1 TL Salz
- 1 TL Zucker
- 2 EL Sesamöl

Zubereitung

- Vom Mehl 60 g nehmen und mit Wasser, Hefe, Salz und Zucker in einer Schüssel vermischen.
- Zugedeckt, an einem warmen Ort stellen, bis sich kleine Bläschen bilden.
- Das restliche Mehl, Paprikapulver und Maismehl in eine Schüssel geben.

- Öl und Hefemischung zugeben und zu einem glatten Teig verkneten.
- Zugedeckt, an einem warmen Ort 30 Minuten ruhen lassen.
- Backofen auf 200° C Ober-/ Unterhitze vorheizen.
- Etwa 16 Kugeln mit etwa 10 cm Durchmesser formen.
- Die Kugeln zu flachen Fladen drücken und auf ein mit Backpapier ausgelegtes Backblech legen und 10 Minuten gehen lassen.
- Im Ofen für 12 Minuten backen.

Stockbrot

Zutaten

- 400 g Mehl
- 50 g zimmerwarme vegane Butter
- 220 ml Pflanzendrink nach Belieben
- 1 Päckchen Backpulver
- 2 TL Salz

Zubereitung

- Mehl, Backpulver und Salz in einer Schüssel vermischen.
- Pflanzendrink langsam zugeben und mit einer Küchenmaschine zu einem Teig kneten.
- Für die Stockbrote 10 Rollen aus dem Teig formen und diese gleichmäßig um geeignete Stöcke wickeln.
- Das Brot unter regelmäßigem Drehen über dem Feuer drehen.

Lángos

Zutaten

- 500 g Mehl
- 1 Päckchen Trockenhefe
- 350 ml lauwarmes Wasser
- 1½ Liter (Sonnenblumen)Öl zum Ausbacken
- 1 TL Salz

Zubereitung

- Das Mehl mit der Trockenhefe und Salz vermischen.
- Wasser zugeben und das Ganze zu einem glatten Teig vermengen.
- Mit einem Küchentuch bedeckt an einem warmen Ort 30 Minuten gehen lassen.
- Mit geölten Händen faustgroße Teigstücke tellergroß auseinander ziehen.
- Öl in einem Topf erhitzen und die Lángos vorsichtig in das heiße Öl geben.

- Nach einer Minute wenden und auch die zweite Seite goldbraun braten.
- Danach abtropfen lassen.
- Die Teigstücke nach und nach verarbeiten.

Brot (Grundrezept)

Zutaten

- 1 Würfel Hefe
- 1 kg Weizenmehl
- 500 ml lauwarmes Wasser
- 1 EL Salz
- 1 EL Zucker
- Mehl zum Bestäuben

Zubereitung

- In einer Schüssel, Hefe im Wasser auflösen lassen.
- Restliche Zutaten zugeben und in einer Küchenmaschine zu einem Teig kneten.
- An einem warmen Ort, zugedeckt für eine Stunde gehen lassen.
- Arbeitsfläche mit Mehl bestreuen und den Teig nochmals durchkneten.

- Backofen auf 200° C Ober-/ Unterhitze vorheizen.
- Teig zu einem Laib formen, Mehl darüber streuen und 15 Minuten, zugedeckt gehen lassen.
- Brotteig auf ein mit Backpapier ausgelegtes Backblech legen.
- Im Ofen für 60 Minuten backen.
- Brot auf einem Kuchengitter abkühlen lassen.

Würziges Alpenbrot

Zutaten

- 950 g Weizenmehl
- 500 ml lauwarmes Wasser
- 2 Päckchen Trockenhefe
- 1 TL Zucker
- 2 EL Salz
- Brotgewürz nach Belieben
- Mehl zum Bestäuben

Zubereitung

- Mehl, Salz, Zucker, Trockenhefe und Brotgewürz vermischen
- Langsam das Wasser zuschütten und in einer Küchenmaschine zu einem Teig kneten.
- An einem warmen Ort, zugedeckt für zwei Stunden gehen lassen.

- Arbeitsfläche mit Mehl bestreuen und den Teig nochmals gut durchkneten
- Aus dem Teig zwei Laibe formen.
- Nochmals an einem warmen Ort, zugedeckt für 30 Minuten gehen lassen.
- Backofen auf 200° C Ober-/ Unterhitze vorheizen.
- Die Laibe auf ein mit Backpapier ausgelegtes Backblech legen.
- Kreuzweise mit einem Messer einritzen und mit Mehl bestreuen.
- Im Ofen für 70 Minuten backen.
- Die Brote auf einem Kuchengitter abkühlen lassen.

Bauernbrot

Zutaten

- 370 g Weizenmehl Type 550
- 50 g Roggenmehl Type 1150
- 350 ml lauwarmes Wasser
- 100 g zarte Haferflocken
- 1 Päckchen Trockenhefe
- 1 EL Chiasamen
- 2 EL Essig
- 1 EL Agavendicksaft
- 4 TL Salz

Zubereitung

- Wasser zum Kochen bringen.
- Chiasamen und Haferflocken mit dem kochenden Wasser übergießen.
- 10 Minuten aufquellen lassen.

- Restliche Zutaten zugeben und in der Küchenmaschine 2 Minuten zu einem Teig verkneten.
- Den Teig zugedeckt 30 Minuten gehen lassen.
- Backofen auf 200° C Ober-/ Unterhitze vorheizen.
- Den Teig in eine mit Backpapier ausgelegte Kastenform geben
- Im Ofen für eine Stunde backen.
- Brot auf einem Kuchengitter abkühlen lassen.

Haferflockenbrot

Zutaten

- 300 g Haferflocken
- 270 g Sonnenblumenkerne
- 700 ml lauwarmes Wasser
- 180 g Leinsamen
- 60 g Sesam
- 60 g Kürbiskerne
- 8 EL Flohsamenschalen
- 4 TL Chiasamen
- 2 EL Agavendicksaft
- 6 EL Rapsöl
- 1 TL Salz

Zubereitung

- Backofen auf 200° C Ober-/ Unterhitze vorheizen.

- Alle Zutaten in einer Küchenmaschine oder einem Mixer fein mahlen.
- Restliche Zutaten hinzugeben und mit der Küchenmaschine kneten, bis der Teig nicht mehr klebt.
- Teig in einen mit Backpapier ausgelegte Kastenform geben und glatt streichen.
- Im Backofen solange backen, bis die Kruste gebräunt ist.
- Das Brot mithilfe des Backpapiers, aus der Kastenform heben und umdrehen. Zurück in die Kastenform geben und wieder in den Backofen geben.
- Das Brot ist fertig, wenn es eine schöne Bräune hat und bei der Klopf-probe hohl klingt.

Mandelbrot

Zutaten

- 400 g Mehl
- 150 g ganze Mandeln
- 150 g zarte Haferflocken
- 450 ml Mandeldrink (ohne Zucker)
- 1 Päckchen Trockenhefe
- 70 g Zucker (wenn sie gesüsste Mandelmilch verwenden, weniger Zucker)
- 3 EL Amaretto

Zubereitung

- Mandeln in einer Pfanne ohne Fett anrösten und abkühlen lassen.
- Alle Zutaten in einer Küchenmaschine zu einem Teig kneten.
- Brotteig in eine mit Backpapier ausgelegte Kastenform geben, glatt streichen und eine Stunde ruhen lassen.

- Im nicht vorgeheizten Backofen bei 200° C Ober-/ Unterhitze, für 55 Minuten backen.
- Mandelbrot auf einem Kuchengitter abkühlen lassen.

Mildes Haferflockenbrot

Zutaten

- 250 g Mehl
- 200 g zarte Haferflocken
- 300 ml lauwarmes Wasser
- 1 Päckchen Trockenhefe
- 1 EL Salt
- 1 EL Rapsöl
- vegane Butter und Haferflocken zum Ausstreuen der Kastenform

Zubereitung

- Alle Zutaten in einer Küchenmaschine zu einem Teig kneten.
- Brotteig in eine gefettete und mit Haferflocken ausgestreute Kastenform geben, glatt streichen und eine Stunde ruhen lassen.

- Im nicht vorgeheizten Backofen bei 200° C Ober-/ Unterhitze , für 55 Minuten backen.
- Brot auf einem Kuchengitter abkühlen lassen.

Erdnussbrot

Zutaten

- 350 g Mehl
- 250 g Erdnüsse, geröstet und gesalzen
- 250 ml lauwarmes Wasser
- 2 EL Chiasamen
- ½ Päckchen Trockenhefe
- 1 TL Agavendicksaft
- 2 EL Rapsöl
- vegane Butter und Haferflocken zum Ausstreuen der Kastenform

Zubereitung

- 100 g Erdnüsse und Chiasamen im Mixer fein mahlen.
- Alle Zutaten, außer die ganzen Erdnüsse, in einer Küchenmaschine zu einem Teig kneten.

- Den Teig an einem warmen Ort, zugedeckt für 30 Minuten gehen lassen.
- Teig nochmals gut durchkneten.
- Brotteig in eine gefettete und mit Haferflocken ausgestreute Kastenform geben, glatt streichen und eine Stunde ruhen lassen.
- Im nicht vorgeheizten Backofen bei 200° C Ober-/ Unterhitze, für 55 Minuten backen.
- Brot auf einem Kuchengitter abkühlen lassen.

Kartoffelbrot

Zutaten

- 350 g Mehl
- 150 g Kartoffelmehl
- 250 g Kartoffeln
- 500 ml lauwarmes Wasser
- 1 Würfel Hefe
- 3 EL Rapsöl
- 2 EL gemahlene Leinsamen
- 1 TL Agavendicksaft
- 2 TL Salz

Zubereitung

- Kartoffeln, kochen, schälen und stampfen.
- In einer Schüssel, Agavendicksaft und Hefe im Wasser auflösen lassen.
- Mehl, Leinsamen und Salz vermischen.

- Kartoffeln, Öl und Hefewasser langsam untermischen.
- In einer Küchenmaschine zu einem Teig kneten und glatt streichen.
- Den Teig an einem warmen Ort, zugedeckt eine Stunde gehen lassen.
- Backofen auf 200° C Ober-/ Unterhitze vorheizen.
- Brotteig in eine mit Backpapier ausgelegte Kastenform geben, glatt streichen, mit Wasser bepinseln.
- Im Ofen für 55 Minuten backen.
- Brot auf einem Kuchengitter abkühlen lassen.

Flaches, einfaches Kartoffelbrot

Zutaten

- 250 g Roggenmehl
- 500 g gekochte und geschälte Kartoffeln
- 1 Prise Zucker
- 1 TL Salz

Zubereitung

- Kartoffeln zerdrücken und Mehl untermischen.
- In einer Küchenmaschine zu einem Teig kneten und glatt streichen.
- Etwa 20 Bällchen formen und diese zu flachen Broten drücken oder rollen.
- In einer heißen Pfanne fertig braten, bis sie leicht braun werden.

Kartoffelbrot (Histaminarme Variante)

Zutaten

- 350 g Dinkelmehl
- 350 g Kartoffeln
- 60 ml warmes Wasser
- ½ Päckchen Backpulver
- 1 EL Olivenöl
- 2 TL Salz

Zubereitung

- Kartoffeln, kochen, schälen und stampfen.
- Backofen auf 200° C Ober-/ Unterhitze vorheizen.
- Alle Zutaten in einer Küchenmaschine zu einem Teig kneten und glatt streichen.
- Eine kleine Schüssel mit Wasser auf den Boden des Backofens stellen.

- Den Teig zu einem Laib formen und auf ein mit Backpapier ausgelegtes Backblech geben.
- Im Ofen für 40 Minuten backen.
- Brot auf einem Kuchengitter abkühlen lassen.

Oliven - Zucchinibrot

Zutaten

- 600 g Dinkelmehl
- 1 Zucchini
- Etwa 15 schwarze Oliven
- 350 ml lauwarmes Wasser
- 1 Würfel Hefe
- 3 EL Olivenöl
- 1 TL Salz
- Mehl zum Bestäuben

Zubereitung

- Oliven in Ringe schneiden, Zucchini grob raspeln.
- In einer Schüssel, Hefe im Wasser auflösen lassen.
- Mehl und Salz vermischen.
- Öl und Hefewasser langsam untermischen.

- In einer Küchenmaschine zu einem Teig kneten und glatt streichen.
- Den Teig an einem warmen Ort, zugedeckt 30 Minuten gehen lassen.
- Auf einer bemehlten Arbeitsfläche Zucchini und Oliven in den Teig kneten.
- Den Teig nochmal, an einem warmen Ort, zugedeckt 30 Minuten gehen lassen.
- Backofen auf 200° C Ober-/ Unterhitze vorheizen.
- Brotteig in eine mit Backpapier ausgelegte Kastenform geben, glatt streichen.
- Im Ofen für 50 Minuten backen.
- Brot auf einem Kuchengitter abkühlen lassen.

Paprikabrot

Zutaten

- 300 g Mehl
- 60 g Ajvar
- 120 ml lauwarmes Wasser
- ½ Päckchen Trockenhefe
- 1 EL Öl
- 1 EL Essig
- 2 TL Salz

Zubereitung

- Alle Zutaten in einer Küchenmaschine zu einem Teig kneten.
- Brotteig in eine mit Backpapier ausgelegte Kastenform geben, glatt streichen und eine Stunde ruhen lassen.
- Eine Schüssel mit Wasser auf dem Boden des Backofens stellen.

- Im nicht vorgeheizten Backofen bei 200° C Ober-/ Unterhitze, für 55 Minuten backen.
- Brot auf einem Kuchengitter abkühlen lassen.

Sonnenblumenbrot

Zutaten

- 250 g Dinkelmehl
- 250 g Weizenmehl
- 200 g Sonnenblumenkerne
- 150 g Sojajoghurt Natur
- 180 ml lauwarmes Wasser
- 100 g reife Banane
- 1 TL Brotgewürz
- 2 Päckchen Trockenhefe
- 1 TL Agavendicksaft
- 2 TL Salz

Zubereitung

- Alle Zutaten in einer Küchenmaschine zu einem Teig kneten.

- Brotteig in eine mit Backpapier ausgelegte Kastenform geben und glatt streichen.
- Den Teig an einem warmen Ort, zugedeckt für 30 Minuten gehen lassen.
- Backofen auf 200° C Ober-/ Unterhitze vorheizen.
- Das Sonnenblumenbrot, im Ofen für 50 Minuten backen.
- Brot auf einem Kuchengitter abkühlen lassen.

Maisbrot

Zutaten

- 350 g Weizenmehl
- 150 g Maismehl
- 380 ml lauwarmes Wasser
- ½ Würfel Hefe
- 1 TL Agavendicksaft
- 1 TL Salz
- Mehl zum Bestäuben

Zubereitung

- In eine Schüssel 200 g Weizenmehl geben und in der Mitte eine Mulde eindrücken.
- Hefe in die Mulde bröseln und 80 ml Wasser zugeben.
- Mit dem Mehl bedeckt zu einem Vorteig verrühren
- An einem warmen Ort für 3 Stunden gehen lassen.

- Danach alle Zutaten zugeben und in einer Küchenmaschine zu einem Teig kneten und glatt streichen.
- Den Teig an einem warmen Ort, zugedeckt eine Stunde gehen lassen.
- Auf einer bemehlten Arbeitsfläche, den Teig nochmals verkneten.
- Brotteig in eine mit Backpapier ausgelegte Kastenform geben, glatt streichen und nochmals 30 Minuten gehen lassen.
- Backofen auf 200° C Ober-/ Unterhitze vorheizen.
- Mit Wasser bepinseln, Mehl bestäuben und für 20 Minuten im Ofen backen.
- Brot auf einem Kuchengitter abkühlen lassen.

Grünkohlbrot

Zutaten

- 500 g Mehl
- 150 g Grünkohl (frisch oder TK)
- 300 ml lauwarmes Wasser
- ½ Würfel Hefe
- 1 Prise Zucker
- 1 TL Salz
- Mehl zum Bestäuben

Zubereitung

- In einer Schüssel, Hefe im Wasser auflösen lassen.
- Mehl, Zucker und Salz vermischen.
- Hefewasser langsam untermischen und in einer Küchenmaschine zu einem Teig kneten.
- Den Teig an einem warmen Ort, zugedeckt eine Stunde gehen lassen.

- Grünkohl, bei Bedarf auftauen und abtropfen lassen.
- Grünkohl blanchieren und abkühlen lassen. Danach in Streifen zupfen.
- Auf einer bemehlten Arbeitsfläche, Teig ausrollen und den Grünkohl verteilen.
- Den Teig zusammenrollen, so das der Grünkohl in der Mitte des Brotes ist.
- Brotteig in eine mit Backpapier ausgelegte Kastenform geben, mit einem Messer die Oberfläche einritzen und eine Stunde gehen lassen.
- Mit Wasser bepinseln und im nicht vorgeheizten Backofen, bei 200° C Ober-/ Unterhitze für eine Stunde backen.
- Grünkohlbrot auf einem Kuchengitter abkühlen lassen.

Kichererbsenbrot

Zutaten

- 250 g Kichererbsenmehl
- 850 ml kaltes Wasser
- 4 EL Olivenöl
- 1 TL Pfeffer
- 1 TL Salz
- 1 EL Rosmarin

Zubereitung

- Mehl, Salz und Pfeffer in eine Schüssel geben.
- Nach und nach das Wasser, mithilfe eines Schneebesens oder eines Handrührgeräts unterrühren, bis der Teig glatt ist.
- Zugedeckt für 3 Stunden an einem warmen Ort quellen lassen.
- Backofen auf 200° C Ober-/ Unterhitze vorheizen.

- Eine Brotbackform (33 cm x 23 cm) oder ein geeignetes Backblech, mit dem Öl bestreichen.
- Den Teig in die geölte Backform füllen und mit Rosmarin bestreuen.
- Im Ofen für 35 Minuten backen.
- Kichererbsenbrot 5 Minuten abkühlen lassen.
- 12 gleich große Stücke mit dem Messer ausschneiden.

Tomatenbrot

Zutaten

- 500 g Mehl
- 100 g getrocknete Tomaten (mit - oder ohne Öl)
- 250 ml zimmerwarmer Pflanzendrink
- 120 g zimmerwarme vegane Butter
- ½ Päckchen Trockenhefe
- 1 TL Rosmarin
- 1 TL Zucker
- 2 TL Salz

Zubereitung

- Alle Zutaten in einer Küchenmaschine zu einem Teig kneten.
- Den Teig an einem warmen Ort, zugedeckt 30 Minuten gehen lassen.

- Brotteig in eine mit Backpapier ausgelegte Kastenform geben, mit einem Messer die Oberfläche einritzen und eine Stunde gehen lassen.
- Im nicht vorgeheizten Backofen, bei 200° C Ober-/ Unterhitze für eine Stunde backen.
- Tomatenbrot auf einem Kuchengitter abkühlen lassen.

Rotweinbrot

Zutaten

- 460 g Mehl
- 220 g Sonnenblumenkerne und 2 EL zum Bestreuen
- 200 ml lauwarmes Wasser
- 1 Päckchen Trockenhefe
- 1 EL Zucker
- 2 TL Salz

Zubereitung

- Alle Zutaten in einer Küchenmaschine zu einem Teig kneten.
- Brotteig in eine mit Backpapier ausgelegte Kastenform geben und glatt streichen.
- Den Teig an einem warmen Ort, zugedeckt für 3 Stunden gehen lassen.
- Backofen auf 200° C Ober-/ Unterhitze vorheizen.

- Das Rotweinbrot, mit Wasser bepinseln und Sonnenblumenkernen bestreuen und im Ofen für 65 Minuten backen.
- Brot auf einem Kuchengitter abkühlen lassen.

Zwiebelstange

Zutaten

- 250 g Mehl
- 1 Zwiebel
- 5 EL Röstzwiebel
- 150 ml lauwarmes Wasser
- 75 g zimmerwarme vegane Butter
- 1 Päckchen Trockenhefe
- 3 EL Öl
- 1 Prise Zucker
- 1 TL Salz

Zubereitung

- Mehl, Trockenhefe, Zucker und Salz in einer Schüssel vermischen.
- Wasser und Öl langsam zugeben und in einer Küchenmaschine zu einem Teig kneten.

- Den Teig an einem warmen Ort, zugedeckt 30 Minuten gehen lassen.
- Zwiebel würfeln.
- Butter in einer Pfanne schmelzen lassen und Zwiebel mit Röstzwiebel darin glasig anbraten.
- Teig nochmal durchkneten und auf ein mit Backpapier ausgelegtes Backblech ausrollen.
- Butterzwiebeln auf den Teig streichen und von der langen Seite her aufrollen, so das eine lange Brotstange entsteht.
- Mit einem Messer die Oberfläche einritzen.
- Backofen auf 200° C Ober-/ Unterhitze vorheizen.
- Im Ofen für 25 Minuten backen.

Brot mit Kurkuma

Zutaten

- 450 g Mehl
- 150 g Kürbiskerne
- 15 g frische Hefe
- 300 ml lauwarmes Wasser
- 2 TL Kurkuma
- 2 EL (Apfel)Essig
- 1 TL Salz

Zubereitung

- Kürbiskerne in einer Pfanne fettfrei rösten und danach abkühlen lassen.
- Mehl und Salz in eine Schüssel geben.
- Hefe und Essig in das Wasser geben und anschließend zum Mehl hinzufügen.
- Kurkuma und Kürbiskerne zugeben.

- Teig in der Küchenmaschine gut durchkneten.
- An einem warmen Ort, zugedeckt für eine Stunde gehen lassen.
- Teig in eine mit Backpapier ausgelegte Kastenform geben und glatt streichen.
- In der Mitte mit einem Messer einritzen, damit die Brotkruste nicht reißt.
- Teig für 30 Minuten in der Kastenform ruhen lassen.
- In den kalten Backofen geben, auf 200° C Ober-/ Unterhitze stellen und für eine Stunde backen.

Dinkelvollkornbrot

Zutaten

- 350 g Vollkornmehl
- 250 g Dinkelmehl
- 500 ml lauwarmes Wasser
- ½ Würfel Hefe
- 1 EL Salz
- Mehl zum Bestäuben

Zubereitung

- In einer Schüssel, Hefe im Wasser auflösen lassen.
- Restliche Zutaten zugeben und in einer Küchenmaschine zu einem Teig kneten.
- An einem warmen Ort, zugedeckt für zwei Stunden gehen lassen.
- Arbeitsfläche mit Mehl bestreuen und den Teig nochmals durchkneten.

- Einen oder zwei Brotlaibe formen, mit Mehl bestreuen und nochmals, zugedeckt für 30 Minuten gehen lassen.
- Backofen auf 200° C Ober-/ Unterhitze vorheizen.
- Brotteig auf ein mit Backpapier ausgelegtes Backblech legen.
- Im Ofen für 60 Minuten backen.
- Brot auf einem Kuchengitter abkühlen lassen.

Vanillebrot

Zutaten

- 500 g Mehl
- 300 ml zimmerwarmer Soja-Vanilledrink
- 1 Päckchen Trockenhefe
- 30 g zimmerwarme vegane Butter

Zubereitung

- Alle Zutaten in einer Küchenmaschine zu einem Teig kneten.
- Brotteig in eine mit Backpapier ausgelegte Kastenform geben, glatt streichen und eine Stunde ruhen lassen.
- Schüssel mit Wasser auf dem Boden des Backofens stellen.
- Im nicht vorgeheizten Backofen bei 200° C Ober-/ Unterhitze, für 55 Minuten backen.
- Brot auf einem Kuchengitter abkühlen lassen.

Dinkelmischbrot

Zutaten

- 300 g Weizenmehl
- 200 g Dinkelflocken
- 150 ml lauwarmes Wasser
- 1 Würfel Hefe
- 2 EL Öl
- 1 EL Salz
- Mehl zum Bestäuben

Zubereitung

- In einer Schüssel, Hefe im Wasser auflösen lassen.
- Restliche Zutaten zugeben und in einer Küchenmaschine zu einem Teig kneten.
- An einem warmen Ort, zugedeckt für eine Stunde gehen lassen.

- Arbeitsfläche mit Mehl bestreuen und den Teig nochmals durchkneten.
- Brotteig in eine mit Backpapier ausgelegte Kastenform geben und.
- Im nicht vorgeheizten Backofen auf 200° C Ober-/ Unterhitze, für 60 Minuten backen.
- Brot auf einem Kuchengitter abkühlen lassen.

Römerbrot

Zutaten

- 550 g Mehl
- 2 EL Chiasamen
- 350 ml lauwarmes Wasser
- 1 Päckchen Trockenhefe
- 2 EL Weizenkleie
- 2 EL Rapsöl
- 1 TL Agavendicksaft
- 1 TL Rosmarin
- 1 EL Salz
- 2 EL vegane Butter und feine Haferlocken zum Ausstreuen der Kastenform

Zubereitung

- Alle Zutaten in eine Schüssel geben und in einer Küchenmaschine zu einem Teig kneten.

- Den Teig glattstreichen und an einem warmen Ort, zugedeckt für 30 Minuten gehen lassen.
- Arbeitsfläche mit Mehl bestreuen und den Teig nochmals gut durchkneten.
- Brotteig in eine mit veganer Butter und Haferflocken ausgestreute Kastenform geben und glatt streichen.
- Zugedeckt für 40 Minuten gehen lassen.
- Im nicht vorgeheizten Backofen, bei 200° C Ober-/ Unterhitze für 50 Minuten backen.
- Brote auf einem Kuchengitter abkühlen lassen.

Mayabrot

Zutaten

- 250 g Mehl
- 90 g Maisgrieß
- 50 g Quinoa
- 300 ml lauwarmes Wasser
- 1 Päckchen Trockenhefe
- 1 TL Agavendicksaft
- 1 EL Öl
- 1 EL Salz

Zubereitung

- Alle Zutaten in einer Küchenmaschine zu einem Teig kneten.
- Brotteig in eine mit Backpapier ausgelegte Kastenform geben, glatt streichen und eine Stunde ruhen lassen.
- Eine Schüssel mit Wasser in den Backofen stellen.

- Im nicht vorgeheizten Backofen bei 200° C Ober-/ Unterhitze, für 55 Minuten backen.
- Mayabrot auf einem Kuchengitter abkühlen lassen.

Expressbrot (schnelles Brot, ohne Wartezeit)

Zutaten

- 500 g Mehl
- 80 g gehackte Nüsse/ Samen nach Belieben
- 450 ml lauwarmes Wasser
- 60 g Sojajoghurt Natur
- 2 Päckchen Trockenhefe
- 2 TL Salz

Zubereitung

- Alle Zutaten in einer Küchenmaschine zu einem Teig kneten.
- Brotteig in eine mit Backpapier ausgelegte Kastenform geben, mit einem Messer die Oberfläche einritzen und eine Stunde gehen lassen.
- Im nicht vorgeheizten Backofen, bei 200° C Ober-/ Unterhitze für eine Stunde backen.

Bierbrot

Zutaten

- 500 g Weizenmehl
- 130 ml Bier
- 70 g Chiasamen
- 200 ml lauwarmes Wasser
- 1 Päckchen Trockenhefe
- 2 EL Apfelessig
- 1 EL Salz

Zubereitung

- Chiasamen mit Wasser vermischen und 10 Minuten quellen lassen.
- Alle Zutaten in eine Schüssel geben und in einer Küchenmaschine zu einem Teig kneten.
- Den Teig glattstreichen und an einem warmen Ort, zugedeckt für 30 Minuten gehen lassen.

- Teig zu einem Laib formen.
- Laib auf ein mit Backpapier ausgelegtes Backblech geben.
- Zugedeckt für 40 Minuten gehen lassen.
- Mit einem Messer die Oberfläche kreuzweise einritzen.
- Im nicht vorgeheizten Backofen, bei 200° C Ober-/ Unterhitze für 55 Minuten backen.
- Bierbrot auf einem Kuchengitter abkühlen lassen.

Vollkornbrot

Zutaten

- 600 g Vollkornmehl
- 150 g Körner nach Belieben
- 500 ml lauwarmes Wasser
- 1 Würfel Hefe
- 1 EL Salz
- Mehl zum Bestäuben

Zubereitung

- In einer Schüssel, Hefe im Wasser auflösen lassen.
- Restliche Zutaten, außer Körner, zugeben und in einer Küchenmaschine zu einem Teig kneten.
- An einem warmen Ort, zugedeckt für eine Stunde gehen lassen.
- Arbeitsfläche mit Mehl bestreuen und den Teig mit den Körnern nochmals durchkneten.

- Zugedeckt für 30 Minuten gehen lassen.
- Backofen auf 200° C Ober-/ Unterhitze vorheizen.
- Brotteig in eine mit Backpapier ausgelegte Kastenform geben und glatt streichen.
- Im Ofen für 55 Minuten backen.
- Brot aus der Kastenform nehmen und nochmals für 10 Minuten im Ofen backen.
- Brot auf einem Kuchengitter abkühlen lassen.

Roggenvollkornbrot mit Nüssen

Zutaten

- 550 g Roggenvollkornmehl
- 200 g gehackte Nüsse nach Belieben
- 500 ml lauwarmes Wasser
- 1 Päckchen Trockenhefe
- 1 EL Apfelessig
- ½ EL Salz

Zubereitung

- In einer Schüssel, Hefe im Wasser auflösen lassen.
- Restliche Zutaten zugeben und in einer Küchenmaschine zu einem Teig kneten.
- An einem warmen Ort, zugedeckt für 30 Minuten gehen lassen.
- Backofen auf 200° C Ober-/ Unterhitze vorheizen.

- Brotteig in eine mit Backpapier ausgelegte Kastenform geben und glatt streichen.
- Im Ofen für 55 Minuten backen.
- Brot auf einem Kuchengitter abkühlen lassen.

Toastbrot

Zutaten

- 750 g Weizenmehl
- 500 ml lauwarmes Wasser
- 1 Würfel Hefe
- 1 Prise Zucker
- 1 TL Salz

Zubereitung

- In einer Schüssel, Hefe mit 250 ml Wasser auflösen lassen.
- Mehl und Zucker in Schüssel geben, in der Mittel eine Grube drücken und das Hefewasser langsam zuschütten.
- Vorsichtig miteinander vermischen und den Vorteig zugedeckt für 30 Minuten, an einem warmen Ort gehen lassen.
- Restliches Wasser und Salz zugeben und in einer Küchenmaschine zu einem Teig kneten.

- Den Teig glattstreichen und an einem warmen Ort, zugedeckt für eine Stunde gehen lassen.
- Arbeitsfläche mit Mehl bestreuen und den Teig nochmals durchkneten.
- Zugedeckt für 30 Minuten gehen lassen.
- Backofen auf 200° C Ober-/ Unterhitze vorheizen.
- Brotteig in eine mit Backpapier ausgelegte Kastenform geben und glatt streichen und mit etwas Mehl bestäuben.
- Im Ofen für 40 Minuten backen.
- Das Toastbrot auf einem Kuchengitter abkühlen lassen.

Weißbrot

Zutaten

- 450 g Weizenmehl
- 1 Stück vegane Butter (alternativ vegane Margarine)
- 250 ml lauwarmes Wasser
- 1 Würfel Hefe
- 1 EL Salz
- Mehl zum Bestäuben

Zubereitung

- In einer Schüssel, Hefe im Wasser auflösen lassen.
- Restliche Zutaten, außer Körner, zugeben und in einer Küchenmaschine zu einem Teig kneten.
- An einem warmen Ort, zugedeckt für 30 Minuten gehen lassen.
- Arbeitsfläche mit Mehl bestreuen und den Teig nochmals durchkneten.

- Zugedeckt für eine Stunde gehen lassen.
- Backofen auf 200° C Ober-/ Unterhitze vorheizen.
- Brotteig in eine mit Backpapier ausgelegte Kastenform geben und glatt streichen. Mit einem Messer eine Mittellinie einritzen.
- Im Ofen für 45 Minuten backen.
- Brot auf einem Kuchengitter abkühlen lassen.

Low Carb Brot

Zutaten

- 120 g Leinsamen
- 100 g Kürbiskerne
- 100 g Dinkelflocken
- 150 g gehackte Haselnüsse
- 50 g Haferflocken
- 420 ml lauwarmes Wasser
- 2 EL Flohsamenschalen
- 1 EL Essig
- 3 EL Öl
- 2 TL Salz

Zubereitung

- Alle Zutaten miteinander vermischen und in eine mit Backpapier ausgelegte Kastenform geben.

- Brotteig an einem warmen Ort, mindestens 6 Stunden quellen.
- Im nicht vorgeheizten Backofen bei 200° C Ober-/ Unterhitze, für 55 Minuten backen.
- Brot auf einem Kuchengitter abkühlen lassen.

Karottenbrot

Zutaten

- 550 g Mehl
- 250 g Karotten
- 300 ml lauwarmes Wasser
- 1 EL Rapsöl
- 1 Päckchen Trockenhefe
- 1 Prise Pfeffer
- 2 TL Salz
- Mehl zum Bestäuben

Zubereitung

- Karotten schälen und raspeln.
- Mehl, Hefe, Wasser, Salz und Pfeffer in einer Küchenmaschine zu einem Teig kneten.
- Den Teig an einem warmen Ort, zugedeckt für 30 Minuten gehen lassen.

- Arbeitsfläche mit Mehl bestreuen und den Teig mit den Karottenraspeln nochmals durchkneten.
- Backofen auf 200° C Ober-/ Unterhitze vorheizen.
- Brotteig in eine mit Backpapier ausgelegte Kastenform geben und glatt streichen und für weitere 30 Minuten gehen lassen.
- Im Ofen für 40 Minuten backen.
- Brot auf einem Kuchengitter abkühlen lassen.

Chiabrot

Zutaten

- 500 g Mehl
- 75 g Chiasamen
- 450 ml lauwarmes Wasser
- 1 Päckchen Trockenhefe
- 1 EL Apfelessig
- 1 EL Agavendicksaft
- 2 TL Salz
- Mehl zum Bestäuben

Zubereitung

- In einer Schüssel Chiasamen im Wasser aufquellen lassen.
- Restliche Zutaten zugeben und in einer Küchenmaschine zu einem Teig kneten.
- Den Teig glattstreichen und an einem warmen Ort, zugedeckt für eine Stunde gehen lassen.

- Arbeitsfläche mit Mehl bestreuen und den Teig nochmals gut durchkneten.
- Brotteig in eine mit Backpapier ausgelegt Kastenform geben und mit den restlichen Sesamsamen bestreuen.
- Zugedeckt für eine Stunde gehen lassen.
- Backofen auf 200° C Ober-/ Unterhitze vorheizen.
- Im Ofen für 55 Minuten backen.
- Das Chiabrot auf einem Kuchengitter abkühlen lassen.

Fladenbrot mit Rosmarin

Zutaten

- 450 g Weizenmehl
- 350 ml lauwarmes Wasser
- 3 EL gehackter Rosmarin
- 3 EL Rapsöl
- 1 Würfel Hefe
- 1 TL Zucker
- 3 EL Salz

Zubereitung

- In einer Schüssel die Hefe im Wasser auflösen.
- Mehl, 2 TL Öl, 1 EL Salz in einer Schüssel vermischen.
- Hefewasser langsam zugeben und in einer Küchenmaschine zu einem Teig kneten.
- Den Teig glatt streichen und an einem warmen Ort, zugedeckt für eine Stunde gehen lassen.

- Brotteig, 3 cm dick auf ein mit Backpapier ausgelegtes Backblech geben und glatt streichen und für eine weitere Stunde gehen lassen.
- Backofen auf 200° C Ober-/ Unterhitze vorheizen.
- Mit den Fingerkuppen, die typischen Fladenbrotvertiefungen eindrücken.
- Restliches Öl mit einem EL Wasser vermischen und das Fladenbrot damit bepinseln.
- Mit Salz und Rosmarin bestreuen und im Ofen für 40 Minuten backen.
- Fladenbrot auf einem Kuchengitter abkühlen lassen.

Walnussbrot

Zutaten

- 500 g Mehl
- 150 g grob gehackte Walnüsse
- 250 ml lauwarmes Wasser
- 1 Päckchen Trockenhefe
- 2 EL Rapsöl
- 1 TL Agavendicksaft
- Mehl zum Bestäuben

Zubereitung

- Alle Zutaten in einer Küchenmaschine zu einem Teig kneten.
- Den Teig glattstreichen und an einem warmen Ort, zugedeckt für 30 Minuten gehen lassen.
- Arbeitsfläche mit Mehl bestreuen und den Teig nochmals gut durchkneten und einen Laib formen.

- Brotteig auf ein mit Backpapier ausgelegtes Backblech geben und mit Wasser bepinseln. Mit einem Messer kreuzweise einritzen.
- Zugedeckt für 1 Stunde gehen lassen.
- Backofen auf 200° C Ober-/ Unterhitze vorheizen.
- Im Ofen für 45 Minuten backen.
- Das Brot auf einem Kuchengitter abkühlen lassen.

Sesambrot

Zutaten

- 650 g Vollkornmehl
- 150 g geröstete Sesamsamen
- 500 ml lauwarmes Wasser
- 1 Päckchen Trockenhefe
- 1 EL Rapsöl
- 1 EL Agavendicksaft
- 1 EL Salz
- Mehl zum Bestäuben

Zubereitung

- In einer Schüssel die Hefe im Wasser auflösen.
- Öl, Salz, Zucker und 100 g Sesamsamen zugeben und in einer Küchenmaschine zu einem Teig kneten.
- Den Teig glattstreichen und an einem warmen Ort, zugedeckt für eine Stunde gehen lassen.

- Arbeitsfläche mit Mehl bestreuen und den Teig nochmals gut durchkneten und einen Laib formen.
- Brotteig auf ein mit Backpapier ausgelegtes Backblech geben und mit den restlichen Sesamsamen bestreuen.
- Zugedeckt für eine Stunde gehen lassen.
- Backofen auf 200° C Ober-/ Unterhitze vorheizen.
- Im Ofen für 55 Minuten backen.
- Das Sesambrot auf einem Kuchengitter abkühlen lassen.

Amaranthbrot

Zutaten

- 450 g Mehl
- 350 ml lauwarmes Wasser
- 3 EL Amaranth
- 3 EL Chiasamen
- 2 EL Haferflocken
- 1 Päckchen Trockenhefe
- 1 EL Rapsöl
- 1 TL Agavendicksaft
- 1 EL Salz
- Mehl zum Bestäuben

Zubereitung

- Alle Zutaten in einer Küchenmaschine zu einem Teig kneten.

- Den Teig glattstreichen und an einem warmen Ort, zugedeckt für eine Stunde gehen lassen.
- Arbeitsfläche mit Mehl bestreuen und den Teig nochmals gut durchkneten.
- Brotteig in eine mit Backpapier ausgelegte Kastenform geben.
- Im nicht vorgeheizten Backofen, bei 200° C Ober-/ Unterhitze für 55 Minuten backen.
- Das Brot auf einem Kuchengitter abkühlen lassen.

Leinsamenbrot

Zutaten

- 550 g Weizenmehl
- 250 ml lauwarmes Wasser
- 100 g Leinsamen
- 150 g Haferflocken (nach Belieben)
- 1 Päckchen Trockenhefe
- 1 EL Salz
- Mehl zum Bestäuben

Zubereitung

- 75 g Leinsamen mit kochenden Wasser übergießen und 30 Minuten quellen lassen.
- 100 g Haferflocken, Mehl, Trockenhefe und Salz vermischen.
- Mit gequollenem Leinsamen und Wasser in einer Küchenmaschine zu einem Teig kneten.

- Den Teig glattstreichen und an einem warmen Ort, zugedeckt für eine Stunde gehen lassen.
- Arbeitsfläche mit Mehl bestreuen und den Teig nochmals gut durchkneten.
- Einen Laib formen und zugedeckt, nochmals 30 Minuten gehen lassen.
- Backofen auf 200° C Ober-/ Unterhitze vorheizen.
- Brot auf ein mit Backpapier ausgelegtes Backblech geben.
- Kreuzweise mit einem Messer einritzen und mit restlichen Haferflocken und Leinsamen bestreuen. Danach noch mit etwas Wasser bepinseln.
- Im Ofen für 60 Minuten backen.
- Das Brot auf einem Kuchengitter abkühlen lassen.

Haselnussbrot

Zutaten

- 900 g Vollkornmehl
- 150 g gehackte Haselnüsse
- 100 g Leinsamen
- 600 ml lauwarmes Wasser
- 1 ½ Würfel Hefe
- 1 EL Agavendicksaft
- 1 EL Salz
- Mehl zum Bestäuben

Zubereitung

- In einer Schüssel die Hefe im Wasser auflösen.
- Restliche Zutaten zugeben und in einer Küchenmaschine zu einem Teig kneten.
- Den Teig glattstreichen und an einem warmen Ort, zugedeckt für 2 Stunden gehen lassen.

- Arbeitsfläche mit Mehl bestreuen und den Teig nochmals durchkneten.
- Brotteig in zwei mit Backpapier ausgelegte Kastenformen geben und glatt streichen.
- Zugedeckt für 1 Stunde gehen lassen.
- Backofen auf 200° C Ober-/ Unterhitze vorheizen.
- Im Ofen für 50 Minuten backen.
- Brote auf einem Kuchengitter abkühlen lassen.

Maisbrot mit Chiasamen

Zutaten

- 350 g Weizenmehl
- 200 g Maisgrieß
- 40 g Chiasamen
- 400 ml lauwarmes Wasser
- 1 Päckchen Trockenhefe
- 2 EL Rapsöl
- 1 EL Salz
- Mehl zum Bestäuben

Zubereitung

- Alle Zutaten in eine Schüssel geben und in einer Küchenmaschine zu einem Teig kneten.
- Den Teig glattstreichen und an einem warmen Ort, zugedeckt für 30 Minuten gehen lassen.

- Arbeitsfläche mit Mehl bestreuen und den Teig nochmals gut durchkneten.
- Brotteig in eine mit Backpapier ausgelegte Kastenform geben und glatt streichen.
- Zugedeckt für 1 Stunde gehen lassen.
- Eine ofenfeste Schüssel mit Wasser auf den Boden des Backofens stellen.
- Im nicht vorheizten Backofen, bei 200° C Ober-/ Unterhitze für 55 Minuten backen.
- Brote auf einem Kuchengitter abkühlen lassen.

Dinkelbrot mit Rosinen

Zutaten

- 550 g Dinkelmehl
- 200 g Rosinen
- 250 ml lauwarmes Wasser
- 1 EL zarte Haferflocken
- 1 Päckchen Trockenhefe
- 1 EL Chiasamen
- 1 EL Essig
- 2 TL Salz
- Mehl zum Bestäuben

Zubereitung

- Alle Zutaten, außer den Haferflocken, in der Küchenmaschine zu einem Teig verkneten.
- Den Teig in eine mit Backpapier ausgelegte Kastenform geben

- Den Teig zugedeckt 30 Minuten gehen lassen.
- Backofen auf 200° C Ober-/ Unterhitze vorheizen.
- Haferflocken über dem Teig verteilen und mit Mehl bestäuben.
- Im Ofen für 65 Minuten backen.
- Brot auf einem Kuchengitter abkühlen lassen.

Buchweizenbrot

Zutaten

- 700 g Buchweizenmehl
- 50 g Kartoffelmehl
- 600 ml lauwarmes Wasser
- 70 ml Rapsöl
- ½ Päckchen Backpulver
- 1 Prise Zucker
- 1 TL Salz

Zubereitung

- Backofen auf 200° C Ober-/ Unterhitze vorheizen.
- Mehl, Backpulver und Salz in eine Schüssel geben.
- Langsam Wasser und Öl zugeben und in einer Küchenmaschine zu einem Teig kneten.
- Der Teig ist fertig, wenn er sich gut von der Schüssel löst.

- Brotteig in zwei mit Backpapier ausgelegte Kastenformen geben und die Oberfläche mit Wasser bepinseln.
- Im Ofen für 70 Minuten backen.
- Buchweizenbrot auf einem Kuchengitter abkühlen lassen.

Sesam - Fladenbrot

Zutaten

- 200 g Weizenmehl
- 50 ml lauwarmes Wasser
- 100 ml lauwarmer Pflanzendrink (nach Belieben)
- 30 g Sesam
- ½ Päckchen Trockenhefe
- 3 EL Olivenöl
- 1 TL Zucker
- 1 TL Salz
- Mehl zum Bestäuben

Zubereitung

- In einer Schüssel Pflanzendrink und Wasser vermischen.
- Trockenhefe und Zucker darin auflösen.
- Mehl, 1 EL Öl und Salz in einer Schüssel vermischen.

- Hefewasser langsam zugeben und in einer Küchenmaschine zu einem Teig kneten.
- Den Teig glatt streichen und an einem warmen Ort, zugedeckt für zwei Stunden gehen lassen.
- Backofen auf 200° C Ober-/ Unterhitze vorheizen.
- Brotteig, nochmals kneten und in 6 gleich große Stücke aufteilen.
- Die Stücke zu Kugeln formen und auf einer bemehlten Arbeitsfläche zu 1 cm dicken Fladen rollen.
- Die Fladen auf ein mit Backpapier ausgelegtes Backblech legen.
- Mit den Fingerkuppen, Fladenbrot typische Vertiefungen eindrücken.
- Mit Öl bepinseln und Sesam bestreuen.
- Im Ofen für 20 Minuten backen.
- Fladenbrote auf einem Kuchengitter abkühlen lassen.
- Tipp: Die Fladenbrote vor dem Servieren in einer Pfanne ohne Öl nochmals von beiden Seiten kurz erwärmen.

Knäckebrot (grob)

Zutaten

- 300 g Vollkornmehl
- 300 g kernige Haferflocken
- 200 Körner, nach Belieben
- 500 ml lauwarmes Wasser
- 100 ml Rapsöl
- 2 TL Salz

Zubereitung

- Backofen auf 200° C Ober-/ Unterhitze vorheizen.
- Haferflocken, Mehl, Salz und Körner in einer Schüssel vermischen.
- Wasser und Öl zugeben und in einer Küchenmaschine zu einem Teig kneten.
- Den Teig 2 cm dick auf ein mit Backpapier ausgelegtes Backblech streichen.

- Mit einem Messer knäckebrotgroße Rechtecke in den Teig ritzen.
- Im Ofen für 35 Minuten backen.
- Knäckebrot auf einem Kuchengitter abkühlen lassen.

Knäckebrot mit Chiasamen

Zutaten

- 60 g Mehl
- 60 g kernige Haferflocken
- 350 ml lauwarmes Wasser
- 3 EL Kürbiskerne
- 2 EL Chiasamen
- 2 EL Sonnenblumenkerne
- 2 EL Weizenkleie
- 1 EL Rapsöl
- 1 TL Salz

Zubereitung

- Backofen auf 200° C Ober-/ Unterhitze vorheizen.
- Sonnenblumenkerne im Mixer grob zerkleinern.
- Alle Zutaten, außer den Kürbiskernen, in einer Küchenmaschine zu einem Teig kneten.

- An einem warmen Ort 15 Minuten ruhen lassen.
- Den Teig 2 cm dick auf ein mit Backpapier ausgelegtes Backblech streichen.
- Kürbiskerne über den Teig verteilen und leicht festdrücken.
- Mit einem Messer knäckebrotgroße Rechtecke in den Teig ritzen.
- Im Ofen für 25 Minuten backen.
- Knäckebrot auf einem Kuchengitter abkühlen lassen.

Einfaches Low Carb Knäckebrot

Zutaten

- 200 g Sonnenblumenkerne
- 200 g Sesam
- 120 ml lauwarmes Wasser
- 1 TL Salz

Zubereitung

- Backofen auf 200° C Ober-/ Unterhitze vorheizen.
- Sonnenblumenkerne im Mixer mahlen
- Alle Zutaten miteinander einer Küchenmaschine zu einem Teig kneten.
- Den Teig 2 cm dick auf ein mit Backpapier ausgelegtes Backblech streichen.
- Mit einem Messer knäckebrotgroße Rechtecke in den Teig ritzen.
- Im Ofen für 20 Minuten backen.

Kürbisbrot

Zutaten

- 550 g Weizenmehl
- 350 g Hokkaido Kürbis
- 100 ml Pflanzendrink
- 100 ml lauwarmes Wasser
- 100 ml Rapsöl
- 5 EL Kürbiskerne
- 1 Päckchen Trockenhefe
- 2 EL Agavendicksaft
- 1 TL Salz
- Mehl zum Bestäuben

Zubereitung

- Kürbis schälen, entkernen, in kleinen Würfel schneiden.
- Im Wasser dünsten und anschließend pürieren.

- Restliche Zutaten zugeben und in einer Küchenmaschine zu einem Teig kneten.
- Den Teig glattstreichen und an einem warmen Ort, zugedeckt für 30 Minuten gehen lassen.
- Arbeitsfläche mit Mehl bestreuen und den Teig nochmals durchkneten.
- Zugedeckt für 30 Minuten gehen lassen.
- Backofen auf 200° C Ober-/ Unterhitze vorheizen.
- Brotteig in eine mit Backpapier ausgelegte Kastenform geben und glatt streichen.
- Im Ofen für 40 Minuten backen.
- Brot auf einem Kuchengitter abkühlen lassen.

Italienisches Oliven - Weißbrot

Zutaten

- 800g Weizenmehl
- 600 ml lauwarmes Wasser
- 150 ml Olivenöl
- 120 g Oliven
- ½ Würfel Hefe
- 1 Prise Zucker
- 1 TL Salz
- Mehl zum Bestäuben

Zubereitung

- In einer Schüssel, ½ Würfel Hefe in 300 ml Wasser auflösen lassen.
- 500g Mehl und Zucker in Schüssel geben, in der Mittel eine Grube drücken und das Hefewasser langsam zuschütten.

- In einer Küchenmaschine zu einem Teig kneten.
- An einem warmen Ort, zugedeckt für 12 Stunden gehen lassen.
- In einer Schüssel, restliche Hefe im restlichen Wasser auflösen lassen.
- Alle Zutaten, außer den Oliven, miteinander vermischen und in einer Küchenmaschine zu einem Teig kneten.
- Den Teig glattstreichen.
- Oliven hacken und zum Teig hinzufügen. Teig nochmals kurz durchkneten.
- Zugedeckt für zwei Stunden, an einem warmen Ort gehen lassen.
- Backofen auf 200° C Ober-/ Unterhitze vorheizen.
- Auf einer bemehlten Arbeitsfläche, zwei Laibe formen.
- Laibe auf ein mit Backpapier ausgelegtes Backblech geben, mit Wasser bepinseln und Mehl bestreuen.
- Im Ofen für 30 Minuten backen.
- Brot auf einem Kuchengitter abkühlen lassen.

Ciabatta

Zutaten

- 500 g Mehl
- 350 ml lauwarmes Wasser
- ½ TL Trockenhefe
- 1 TL Zucker
- 2 TL Salz
- 2 EL Olivenöl

Zubereitung

- Alle Zutaten zu einem glatten Teig verarbeiten.
- Teig an einem warmen Ort zugedeckt, über Nacht gehen lassen.
- Auf einem mit Backpapier ausgelegten Backblech 2 Brote formen. Leicht mit Mehl bestäuben und 30 Minuten gehen lassen.
- Backofen auf 200° C Ober-/ Unterhitze vorheizen.
- Im Ofen für 30 Minuten backen.

- Das Ciabatta sollte innerhalb von 2 Tagen gegessen werden.
- Man kann es natürlich auch einfrieren.

Brotaufstriche

Paprika Kichererbsen Aufstrich

Zutaten

- 2 rote Paprika
- 3 TL Kichererbsen aus der Dose
- 2 TL Sonnenblumenkerne
- 1 Knoblauchzehe
- 1 EL Erdnussbutter
- 1 EL Olivenöl
- Salz und Pfeffer (nach Belieben)

Zubereitung

- Paprika entkernen und würfeln, Knoblauchzehe pressen.
- In einer heißen Pfanne mit Öl, Paprika und Knoblauch köcheln bis die Masse eindickt.
- Mit restlichen Zutaten vermischen und miteinander pürieren.
- Aufstrich mit Salz und Pfeffer abschmecken.

Kichererbsen Aufstrich

Zutaten

- 100 g Kichererbsen aus der Dose
- ½ Apfel
- 2 EL Zitronensaft
- 1 EL Erdnussbutter
- 1 TL Kurkuma
- 1 EL Olivenöl
- Salz und Pfeffer (nach Belieben)

Zubereitung

- Kichererbsen in einem Sieb gut ausspülen und abtropfen lassen.
- Apfel schälen und entkernen.
- Kichererbsen, Apfel, Zitronensaft, Erdnussbutter und Öl miteinander pürieren.

- Kurkuma zugeben und mit Salz und Pfeffer abschmecken.

Streichkäse Grundrezept

Zutaten

- 150 g Cashewkerne
- 100 ml Wasser
- 2 EL Hefeflocken
- 2 getrocknete Tomaten
- ¼ TL Chiliflocken
- 1 TL Paprika
- ½ TL Salz

Zubereitung

- Cashewkerne über Nacht in Wasser einweichen.
- Cashewkerne im Mixer zu einer Creme mixen.
- Restliche Zutaten in den Mixer gegeben und mixen.
- Dieses Grundrezept lässt sich natürlich mach Belieben abändern.

- z. B. Mit Kräuter einen Kräuterstreichkäse herstellen usw.

Sesamaufstrich

Zutaten

- 150 g Sesam
- 120 g vegane Butter
- 2 Zwiebeln
- 2 TL Majoran
- 2 Prisen Pfeffer
- 2 Prisen Salz

Zubereitung

- In einer Pfanne ohne Öl den Sesam, unter ständigem Rühren, nicht zu braun, anrösten.
- Sesam fein mixen.
- Zwiebel fein würfeln.
- In einer heißen Pfanne 2 EL Butter entnehmen und die Zwiebel darin glasig anbraten.
- Jetzt alle Zutaten zusammen pürieren.

Indischer Linsenaufstrich

Zutaten

- 500 g rote Linsen
- 1000 ml Wasser
- 100 ml (Raps)Öl
- 1 Zwiebel
- 3 Knoblauchzehen
- 2 TL Kurkuma
- 1 TL Zitronengras
- 1 TL Koriander
- 1 TL Pfeffer
- 1 TL Kreuzkümmel
- 1 TL Chilipulver
- 1 TL Currypulver
- ½ Ingwer

- ½ TL Salz

Zubereitung

- Zwiebel klein hacken und Knoblauchzehen pressen.
- In einer Pfanne Öl erhitzen und Zwiebel mit Knoblauch darin glasig anbraten.
- Gewürze und Linsen zugeben und bei mittlerer Hitze solange mitrösten bis die Linsen gut mit Öl überzogen sind.
- Wasser zugeben, aufkochen und bei niedriger Hitze köcheln bis die Linsen beginnen zu zerfallen.
- Mit einem Pürierstab aufmixen und abkühlen lassen.
- Der Aufstrich hält 4 Tage im Kühlschrank und kann auch eingefroren werden.

Zwiebelschmalz

Zutaten

- 200 g Kokosfett
- 1 Zwiebel
- 3 EL gehackte Haselnüsse
- 1 kleiner Apfel
- ½ TL Paprikapulver
- 1 Prise Kümmel
- 1 Prise Pfeffer
- 1 TL Salz

Zubereitung

- Zwiebel klein hacken, Apfel schälen und entkernen.
- Kokosfett in einem Topf erhitzen.
- Zwiebel zugeben und dünsten.

- Restliche Zutaten kurz mitdünsten, dann den Topf vom Herd nehmen.
- Abschmecken und auskühlen lassen.
- Sobald die Masse fest wird, mit einem Schneebesen gut durchschlagen, bis sie cremig wird.
- In den gewünschten Vorratsbehälter füllen.
- Haltbarkeit: Mindestens 1 Woche

Guacamole

Zutaten

- 2 Avocado
- Saft von einer Limette
- 2 Knoblauchzehen
- 3 Prisen Chilipulver
- 2 Prisen Salz
- 1 TL Pfeffer

Zubereitung

- Die Avocados halbieren, entkernen und schälen.
- Alle Zutaten mixen und fein pürieren.

Erdnussbutter

Zutaten

- 400 g geröstete Erdnüsse (ungesalzen)
- 30 ml Pflanzendrink
- ½ TL Salz

Zubereitung

- Alle Zutaten im Mixer zu einer cremigen Masse pürieren.
- Die Erdnussbutter hält im Kühlschrank bis zu 14 Tage

Kokosaufstrich

Zutaten

- 250 ml Sojadrink
- 100 g Kokosraspeln
- 50 ml Sojasahne
- 100 g (Kokosblüten)Zucker
- 2 Päckchen Vanillezucker

Zubereitung

- Alles außer Kokosraspeln miteinander verrühren.
- Die Masse in einen Topf erwärmen und für eine Stunde, bei niedriger Hitze eindicken lassen.
- Die Kokosraspeln unterheben und abkühlen lassen.

Tomatenaufstrich

Zutaten

- 200 g Sonnenblumenkerne
- 50 g getrocknete Tomaten
- 1 Zwiebel
- 1 Knoblauchzehe
- 2 EL Tomatenmark
- 1 TL Agavendicksaft
- 2 EL Apfelsaft
- 5 EL Olivenöl
- 3 EL Zitronensaft
- 3 Prisen Pfeffer
- 2 Prisen Salz

Zubereitung

- Sonnenblumenkerne über Nacht in Wasser einweichen.
- Anschließend aufkochen und 10 Minuten weich kochen.

- Sonnenblumen abgießen.
- Zwiebel fein hacken, Knoblauchzehe zerdrücken
- Öl in einer heißen Pfanne erhitzen, Zwiebel und Knoblauch darin andünsten.
- Tomaten klein hacken, mit Tomatenmark, Apfelsaft, Agavendicksaft und Zitronensaft in die Pfanne geben und kurz mitdünsten.
- Zu den Sonnenblumen geben und pürieren
- Aufstrich mit Salz und Pfeffer abschmecken.

Rucolacreme

Zutaten

- 50 g frischer Rucola
- 4 EL Cashewkerne
- 2 EL Olivenöl
- 1 EL Zitronensaft
- 3 Prisen Salz

Zubereitung

- Cashewkerne über Nacht in Wasser einweichen.
- Cashewkerne abgießen.
- Alle Zutaten miteinander pürieren.

Champignonaufstrich

Zutaten

- 150 g Champignons
- 1 Zwiebel
- 1 EL Walnusskerne
- 1 Knoblauchzehe
- 1 TL Thymian
- 1 EL Petersilie
- 2 EL Olivenöl
- 3 Prisen Pfeffer
- 2 Prisen Salz

Zubereitung

- Zwiebel fein hacken, Knoblauchzehe pressen.
- Champignons putzen und in kleine Würfel schneiden.
- Öl in einer heißen Pfanne erhitzen, Zwiebel und Knoblauch darin andünsten.

- Champignons mit in die Pfanne geben und kochen, bis das Wasser der Champignons verdammt ist.
- Alle Zutaten in eine Schüssel geben und pürieren.

Sonnenblumenaufstrich

Zutaten

- 250 g Sonnenblumenkerne
- 50 ml Pflanzendrink
- ½ Bund Schnittlauch
- 1 EL Zitronensaft
- 2 Prisen Salz

Zubereitung

- Sonnenblumenkerne über Nacht einweichen
- Am nächsten Tag, Wasser abgießen und abtropfen lassen.
- Alle anderen Zutaten hinzufügen und miteinander pürieren.

Rote Rübenaufstrich

Zutaten

- 2 gekochte, rote Rüben
- 70 g Sonnenblumenkerne
- 1 TL Zitronensaft
- 1 TL (Oliven)Öl
- 2 Prisen Salz

Zubereitung

- Rote Rüben in kleinen Stücke schneiden.
- Alle anderen Zutaten hinzufügen und miteinander pürieren.

Pesto

Zutaten

- 50 g Pinienkerne
- 50 g Walnusskerne
- 40 g Basilikum
- 4 EL Olivenöl
- 2 EL Hefeflocken
- 1 Knoblauchzehe
- ½ TL Salz

Zubereitung

- Pinienkerne und Walnusskerne in eine erhitzte Pfanne geben und 2 Minuten unter häufigem Wenden andünsten.
- Die Kerne mit allen Zutaten in eine Schüssel geben und mit dem Pürierstab zu einer feinen Masse verarbeiten.

Cashewaufstrich

Zutaten

- 200 g Cashewkerne
- 1 Bund Schnittlauch oder Petersilie
- 2 EL Hefeflocken
- 1 TL Kurkuma
- 2 Prisen Pfeffer
- 2 Prisen Salz

Zubereitung

- Cashewkerne über Nacht einweichen
- Am nächsten Tag, Wasser abgießen und abtropfen lassen.
- Alle anderen Zutaten hinzufügen und miteinander pürieren.

Mangoaufstrich

Zutaten

- ½ Mango
- ½ Apfel
- 100 g Sonnenblumenkerne
- ½ TL Curry
- 2 EL Zitronensaft
- 3 EL (Raps)Öl
- 2 Prisen Pfeffer
- 2 Prisen Salz

Zubereitung

- Sonnenblumenkerne über Nacht einweichen
- Am nächsten Tag, Wasser abgießen und abtropfen lassen.
- Mango und Apfel schälen und entkernen.
- Alle Zutaten miteinander pürieren.

Apfel - Tofuaufstrich

Zutaten

- 250 g Tofu Natur
- 1 Apfel
- 3 EL Sonnenblumenkerne
- 1 EL Curry
- 1 EL Kurkuma
- 1 EL (Oliven)Öl
- 1 TL Ingwer
- 1 EL Zitronensaft
- 2 Prisen Salz

Zubereitung

- Tofu mit Küchenpapier abtrocknen und würfeln.
- Apfel schälen, entkernen und würfeln
- Alle anderen Zutaten miteinander pürieren.

Zuckerfreie Marmelade

Zutaten

- 250 g gefrorene Hinbeeren (oder Erdbeeren, Sauerkirschen etc.)
- 1 TL Agar Agar (veganes Geliermittel)
- 5 EL Agavendicksaft
- 1 TL Zitronensaft
- 1 EL Wasser

Zubereitung

- Gefrorenen Früchte auftauen lassen.
- (Alternativ Früchte aus Konservengläsern nehmen)
- Früchte pürieren.
- In einer separaten Schüssel, Agar-Agar im Wasser auflösen.
- Agar-Agar mit den restlichen Zutaten zu den pürierten Früchten hinzugeben.

- Unter ständigem Rühren aufkochen und 5 Minuten auf mittlerer Hitze köcheln lassen.
- Die heiße Marmelade vorsichtig in ein steriles Schraubglas abfüllen und sofort verschließen.
- Das verschlossene Glas auf den Kopf stellen und warten Sie bis die Marmelade erkaltet ist.

Leberwurst

Zutaten

- 150 g Räuchertofu
- 200 g Kichererbsen (Dose)
- 1 Zwiebel
- 2 EL Petersilie
- 1 TL Majoran
- 1 TL Thymian
- 1 EL Olivenöl
- ½ TL Salz
- ½ TL Pfeffer

Zubereitung

- Kichererbsen in 1 Liter Wasser aufkochen und auf niedriger Stufe eine Stunde garen lassen.
- Zwiebel würfeln und in Öl anbraten.
- Tofu mit Küchenpapier abtrocknen und würfeln.

- Kichererbsen abgießen und abtropfen lassen.
- Alle Zutaten miteinander pürieren.

Grünkernaufstrich

Zutaten

- 150 g geschroteter Grünkern
- 2 Karotten
- 1 Zwiebel
- 1 Knoblauchzehe
- 1 EL Haferflocken
- 1 TL Senf
- 1 TL Basilikum
- 1 TL Majoran
- 1TL (Oliven)Öl
- 3 Prisen Pfeffer
- 3 Prisen Salz

Zubereitung

- In 500 ml Wasser den Grünkernschrot aufkochen. Unter ständigem Rühren 10 Minuten weich kochen.

- Grünkern vom Herd nehmen und 20 Minuten quellen lassen.
- Zwiebel fein hacken, Karotten fein reiben
- Alle Zutaten mit der kalten Grünkernmasse vermischen.

Karamellcreme

Zutaten

- 400 ml Kokosmilch
- 100 g Zucker
- ½ TL Salz

Zubereitung

- Alle Zutaten in einem Topf geben und aufkochen lassen.
- Eine Stunde, unter gelegentlichem Rühren, auf mittlerer Hitze köcheln lassen.
- Die Creme in ein oder mehrere sterile Schraubgläser abfüllen.
- Karamellcreme abkühlen lassen.

Avocado - Schokocreme

Zutaten

- 1 Avocado
- 2 EL Kakaopulver
- 2 EL Agavendicksaft
- 4 EL gemahlene Mandeln

Zubereitung

- Avocado halbieren, entkernen und das Fruchtfleisch in eine Schüssel geben.
- Restliche Zutaten zugeben und pürieren.
- Sollte die Creme zu fest sein etwas Wasser oder Sojasahne zugeben und nochmals pürieren.
- Die Creme innerhalb 2 Tagen verzehren.

Erdmandelcreme

Zutaten

- 180 g Erdmandeln
- 120 g Cashewkerne
- 2 EL Agavendicksaft
- 1 TL Vanillezucker
- ½ TL Salz

Zubereitung

- Erdmandeln und Cashewkerne über Nacht einweichen lassen.
- Erdmandeln und Cashewkerne abgießen und abtropfen lassen.
- Alle Zutaten miteinander pürieren.
- Sollte die Creme zu fest werden, nochmal Agavendicksaft zufügen und nochmals pürieren.

Mandarinen Kokosaufstrich

Zutaten

- 1 Dose Mandarinen (175 g Abtropfgewicht)
- 120 ml Kokosmilch
- 2 EL Kokosraspeln
- 1 EL Speisestärke

Zubereitung

- Mandarinen abtropfen lassen und den Saft auffangen.
- Kokosmilch in einen Topf geben und mit Speisestärke verrühren.
- Zusammen aufkochen lassen und 2 Minuten lang rühren.
- Kokosraspeln, Mandarinen und 3 EL vom Mandarinensaft zugeben und unter gelegentlichem Rühren, nochmal kurz aufkochen.
- Den Aufstrich in eine Schale füllen.
- Mandarinen Kokosaufstrich abkühlen lassen.

Olivenaufstrich

Zutaten

- 20g Sonnenblumenkerne
- 100g schwarze, entkernte Oliven
- 1 Knoblauchzehe
- 5 EL Olivenöl
- 2 Prisen Pfeffer
- 1 Prise Salz

Zubereitung

- In einer Pfanne ohne Öl die Sonnenblumenkerne, unter ständigem Rühren, nicht zu braun, anrösten.
- Jetzt alle Zutaten zusammen pürieren.
- Im Kühlschrank mindestens 1 Stunde ziehen lassen.

Haselnuss - Schokocreme

Zutaten

- 400 g geröstete Haselnüsse
- 2 EL Kakao
- 3 EL Zucker
- 1 EL Rapsöl
- 2 EL Sojasahne
- ½ TL Salz

Zubereitung

- Alle Zutaten miteinander vermixen.
- Abschmecken und bei Bedarf, nochmals Zucker und/oder Kakao zugeben.
- Die Creme in ein oder mehrere sterile Schraubgläser abfüllen.
- Innerhalb von einer Woche aufbrauchen.

Hummus

Zutaten

- 300 g trockene Kichererbsen
- 300 g Sesampaste (Tahini)
- 100 ml (Raps)Öl
- Saft von 4 Zitronen
- 4 Knoblauchzehen
- 1 TL Pfeffer
- 1 TL Paprikapulver
- 1 TL Kreuzkümmel
- 2 Prisen Salz

Zubereitung

- Kichererbsen über Nacht einweichen
- Am nächsten Tag abtropfen lassen und weich kochen.
- Das Wasser nicht abgießen.

- Kichererbsen mit einem Stabmixer pürieren
- Sesampaste hinzufügen und nochmals miteinander pürieren.
- Knoblauch sowie die Gewürze und den Zitronensaft noch hinzugeben.
- Hummus auf einen tieferen Teller geben.
- Das Öl erhitzen und über den Humus verteilen.

Kräuter – Tofu - Aufstrich

Zutaten

- 250 g Naturtofu
- 3 EL Sojamilch
- 1 EL Kräutermischung
- 3 EL Olivenöl
- 1 EL Zitronensaft
- 1 TL Knoblauchpulver
- 1 TL Salz

Zubereitung

- Tofu mit Küchenpapier abtrocknen und danach zerbröseln.
- Alle anderen Zutaten hinzufügen und miteinander pürieren.
- Im Kühlschrank für mindestens eine Stunde ziehen lassen.

Ihnen hat mein Kochbuch gefallen?

Dann zeigen Sie es mir doch bitte mit einem positiven Feedback, anhand einer Rezension auf Amazon. Dies würde mich als freier Autor sehr freuen und mir unglaublich weiterhelfen! Mir liegt es sehr am Herzen, auf die Wünsche meiner Leserschaft einzugehen. So kann ich die Qualität meiner Kochbücher stets verbessern.

Was Sie dafür tun müssen?

Ganz einfach!

Gehen sie auf die Amazon Seite meines Buches

und schon können Sie innerhalb von wenigen Minuten eine Bewertung abgeben.

Falls Sie Rezeptvorschläge, - Änderungen, Kritik oder Anregungen zum Buch haben, können Sie Sich gerne per E-Mail bei mir melden.

Meine E-Mail-Adresse finden Sie am Ende des Buches.

Ich danke Ihnen für Ihre Unterstützung!

Buchvorstellung

Als weiteres Buch kann ich Ihnen meine Vegane Weltreise empfehlen.

In diesem Buch habe ich 100 Rezepte aus aller Welt zusammengestellt.

Dieses Buch ist von der Zusammenstellung her, so aufgebaut wie dieses.

Einfach Rezepte, ohne exotische Zutaten.

Haftungsausschluss

Die Umsetzung aller enthaltenen Informationen, Anlcitungen und Strategien dieses Buches erfolgt auf eigenes Risiko. Für etwaige Schäden jeglicher Art kann der Autor aus keinem Rechtsgrund eine Haftung übernehmen. Für Schäden materieller oder ideeller Art, die durch die Nutzung oder Nichtnutzung der Informationen bzw. durch die Nutzung fehlerhafter und/oder unvollständiger Informationen verursacht wurden, sind Haftungsansprüche gegen den Autor grundsätzlich ausgeschlossen. Ausgeschlossen sind daher auch jegliche Rechts- und Schadensersatzansprüche. Dieses Werk wurde mit größter Sorgfalt nach bestem Wissen und Gewissen crarbeitet und niedergeschrieben. Für die Aktualität, Vollständigkeit und Qualität der Informationen übernimmt der Autor jedoch keinerlei Gewähr. Auch können Druckfehler und Falschinformationen nicht vollständig ausgeschlossen werden. Für fehlerhafte Angaben vom Autor kann keine juristische Verantwortung sowie Haftung in irgendeiner Form übernommen werden.

Impressum

E-Mail: nora.thaler@freenet.de

1. Auflage

ISBN

9781793331786

Kontakt:

Markus Mägerle/Am Kreisgraben 17/93104 Riekofen

37316249R00110

Printed in Poland
by Amazon Fulfillment
Poland Sp. z o.o., Wrocław